Rekru-Tier

www.rekrutier.de

„Wer fragt, der führt,
wer zu viel fragt, der nervt,
wer falsch fragt,
erfährt gar nichts!"

Rekru-Tier
MLM Trickkiste

Geheime Fragetechniken für Networker

So entlocken Sie Ihrem Interessenten ALLES!

Inhalt

Vorwort 5

Es geht um Leben und Tod! 9

Die richtige Frage zum richtigen Zeitpunkt 13

Die drei wichtigsten Formen des Fragens 29

Frageformen in der Geschäftspräsentation 39

Extra: Spezialfragen und Sonderformen
von Fragen 51

So aktivieren Sie
den „Selbstrekrutierungseffekt" 56

Vorwort

Liebe Networker, liebe Vertriebler,
bei unseren Recruiting-Tipps handelt es sich um über mehrere Jahre gesammelte Strategien und Vorgehensweisen, die wir allesamt persönlich und erfolgreich in der Praxis ausprobiert haben und von deren Gelingen wir fest überzeugt sind.

Sehen Sie unsere Ideen als Inspiration für Ihr eigenes Tun und lassen Sie sich mitreißen von neuen und erfrischenden Gedanken. Wir wissen mittlerweile aus eigener Erfahrung, dass beim Geschäftspartneraufbau in Vertrieb und MLM nicht nur Fleiß und Arbeit mittel- und langfristig zum Erfolg führen, sondern vor allem Fantasie und Vorstellungskraft sowie die Anwendung von neuen Strategien – manchmal auch von ungewöhnlichen und „bauernschlauen" Strategien!

Gerade beim Rekrutieren und Sponsern von neuen Partnern sind wir jeden Tag und immer wieder aufs Neue gefordert, denn es gibt unheimlich viele Variablen, die über Erfolg und Misserfolg entscheiden können. Der Grat zwischen Triumph und Niederlage ist ziemlich schmal, denn bei der Arbeit mit Menschen gibt es relativ wenige Standards.

Wer die Menschen von heute mit den Strategien von gestern oder gar vorgestern gewinnen will, wird relativ schnell an seine Grenzen kommen. Bleiben Sie deshalb ständig in Bewegung und entwickeln Sie sich mit!

Bitte beachten Sie Folgendes:

Was bei dem einen funktioniert, kann beim anderen wirkungslos bleiben.

Genau das macht das Gewinnen von neuen Geschäftspartnern so interessant und oftmals auch zu einer Herausforderung. Wir haben es bei Menschen immer wieder mit vollkommen verschiedenen Persönlichkeitstypen zu tun, Lebensumstände sind niemals gleich, Ort und Zeit einem schnellen Wandel unterlegen, und das, was gestern noch funktioniert hat, ist heute schon Schnee von gestern oder umgekehrt.

Deswegen müssen wir immer wieder „unsere Säge" schärfen, über den Tellerrand hinausblicken und vor allem in der Praxis TUN und ausprobieren, was zu uns passt!

Und es gibt noch einen sehr wichtigen Aspekt, vielleicht sogar den wichtigsten, den Sie sich bei Ihrer Arbeit immer wieder vor Augen halten müssen.

Beim Rekrutieren und Sponsern entscheidet nicht die angewandte Methode darüber, ob etwas funktioniert oder nicht, sondern der- oder diejenige, die sie kontinuierlich und mit Überzeugung anwendet.

Wir wünschen Ihnen von ganzem Herzen, dass Sie mit unserer Hilfe eine Recruiting-Strategie finden, die zu Ihnen passt, mit der Sie sich identifizieren können und die Sie erfolgreich im Tagesgeschäft anwenden werden!

Kontaktstark grüßt Sie Ihr REKRU-Tier
Tobias Schlosser

Es geht um Leben und Tod!

Unter den Tieren des Waldes breitet sich seit einigen Tagen große Angst aus, denn es geht das Gerücht um, dass der Bär in den Wald zurückgekehrt sei und er eine Todesliste habe.

Auf dieser Todesliste, so heißt es, stehen ausnahmslos alle Waldtiere, die er nach und nach verschlingen will.

Als die Tiere diese Nachricht erhalten, macht sich schlagartig großes Entsetzen breit und sie berufen eine Krisensitzung ein, auf der sie sich beratschlagen wollen.

Kurz nach Beginn der Sitzung, zu der sich alle Waldbewohner auf einer großen Lichtung versammelt haben, stellt sich heraus, dass der Bär in der Tat zurückgekehrt ist, aber keines der Tiere weiß genau, ob es die besagte Todesliste tatsächlich gibt.

Die meisten sind schon drauf und dran, den Wald in Windeseile zu verlassen, da sagt der Hirsch: *Wartet, ich bin der Größte von euch, ich gehe zum Bären und frage einfach, was an diesem Gerücht dran ist!*

Daraufhin geht der Hirsch zum Bären und fragt: *Hey, Bär, gibt es eine Todesliste und wenn ja, sag mir, stehe ich da drauf?*

Der Bär fletscht die Zähne und sagt: *Natürlich gibt es eine Liste und du, Hirsch, bist der Erste, der draufsteht!*

Der Hirsch ergreift sofort die Flucht, aber ohne Erfolg. Schon am nächsten Tag finden die Waldtiere den zerfetzten Kadaver des Hirsches. Von ihm sind nur noch Knochen und das Geweih übrig!

Daraufhin macht sich pure Panik breit, nur der Keiler behält die Ruhe und sagt furchtlos: *Wartet, Tiere, ich bin der Stärkste von uns, ich gehe zum Bären!*

Daraufhin macht er sich auf den Weg und findet wenig später den Bären. Der Keiler fragt selbstbewusst: *Hey, Bär, stehe ich auch auf dieser Liste?*

Der Bär antwortet mit blutrünstigem Brüllen: *Ja, Keiler, du stehst auch auf dieser Liste!*

Das ist selbst dem Keiler nicht geheuer und er verschwindet umgehend.

Auch er wird am nächsten Tag tot aufgefunden. Von ihm sind nur noch ein paar Borsten übrig.

Nun machen sich die meisten der verbliebenen Tiere endgültig auf den Weg, den Wald zu verlassen, nur einige wenige wollen die Situation nicht akzeptieren.

Der Fuchs stellt sich vor die restlichen Kollegen und sagt: *Ich bin der Listigste von uns allen, lasst mich noch einmal zu dem Bären gehen.*

Gesagt, getan. Er macht sich ängstlich auf den Weg. Kaum ist er beim Bären angekommen, stellt er ihm die entscheidende Frage: *Hey, Bär, ich bin es, der schlaue Fuchs! Stehe ich auch auf deiner Todesliste?*

Der Bär brüllt aus vollem Hals: *Ja, Fuchs, natürlich stehst auch du drauf. Warum solltest du nicht draufstehen?*

Das ist dem Fuchs zu viel und er nimmt sofort Reißaus. Aber leider kommt auch er nicht davon und seine Überreste werden am nächsten Tag von den wenigen verbliebenen Waldbewohnern gefunden.

Der Einzige, der jetzt noch einigermaßen die Nerven behält, ist der Hase. Er sagt zu den anderen Tieren: *Mir egal, wenn ihr gehen wollt, dann geht. Aber ich verlasse meinen geliebten Wald nicht so ohne Weiteres.*

Nach dieser Ansage macht er sich gleich auf den Weg zum Bären. Mit weichen Knien tritt er vor den Bären und fragt mit zitternder Stimme: *Hallo, Bär, sag mal, stehe ich auch auf deiner verdammten Todesliste?*

Der Bär baut sich übermächtig in voller Größe vor dem Hasen auf, zieht die Liste hervor und schreit mit blutrünstiger Stimme: *Ja, Hase, natürlich stehst du auch auf meiner Liste.* Der Hase wird ganz bleich vor

Angst und ist schon im Begriff wegzulaufen. Da hat er eine Idee!

Er fragt: *Mensch, Bär, kannst du mich bitte von der Liste streichen?*

Der Bär schaut den Hasen an, schaut auf seine Liste, zieht einen Stift hervor und sagt: *Kein Problem! Hase gestrichen!* :-)

Der Hase sagt: *Alles klar, Bär. Mach's gut!*, und geht.

Wie dieses Beispiel sehr eindrucksvoll beweist, kann die richtige Frage zur richtigen Zeit sogar lebenserhaltend sein. Es zeigt außerdem, dass es oftmals nur „Millimeter" sind, die zwischen Erfolg und Scheitern liegen.

So ist es auch im Geschäft und ganz besonders beim Gewinnen von neuen Geschäftspartnern!

Bei der Tätigkeit eines Networkers oder Recruiters geht es zwar nicht um Leben und Tod wie in der Parabel vom Hasen und vom Bären. Aber im Geschäft geht es über kurz oder lang um existenzielle Dinge.

Entwickle ich mich im Network-Marketing zu einem guten Recruiter oder auch „Menschengewinner", dann macht MLM Spaß und ich kann davon leben, vielleicht sogar außergewöhnlich gut. Schaffe ich es nicht, dann wird Network immer ein Buch mit sieben Siegeln für mich bleiben!

Die richtige Frage zum richtigen Zeitpunkt

Doch zu welchem Zeitpunkt ist es für einen Networker oder Vertriebler besonders wichtig, die richtigen Fragen zu platzieren?

Ganz richtig, im persönlichen Sponsor- oder Rekrutierungsgespräch! Ich möchte Ihnen nachfolgend die Augen dafür öffnen, dass es im MLM eben nicht nur darum geht, mit möglichst vielen Menschen in möglichst kurzer Zeit zu sprechen und alle mit der gleichen Botschaft zu „beschallen", sondern eher darum, die aktuelle Bedürfnislage des Interessenten durch ein gutes Gespräch und viele interessierte FRAGEN zu erfahren und ihm daraufhin genau die Infos zu geben, die er tatsächlich braucht.

Was noch viel wichtiger ist, der Interessent sollte die Infos zum aktuellen Zeitpunkt auch aufnehmen und verarbeiten können, das heißt konkret, er sollte einen Bedarf für Ihre Informationen haben.
Es ist nicht nur im Einstellungsgespräch von Vorteil, es wird auch bei der Einarbeitung und Führung viel leichter werden, wenn Sie genau wissen, was Ihre Interessenten oder zukünftigen Businesspartner bewegt und antreibt.

Leider ist das klassische Sponsorgespräch zahlloser Networker eher ein Monolog, in dem salvenartig die Firmenkennzahlen, der Karriereplan und andere Ego-botschaften heruntergebetet werden. Manche Gespräche gleichen eher einer Predigt. In solch einem Fall schaut der Zuhörer spätestens nach einer halben Stunde ständig auf die Uhr, weil er schnell wieder wegkommen möchte. Diese Person hört natürlich auch nicht interessiert zu, geschweige denn, dass sie sich am Gespräch beteiligt.

Das Problem an diesen Gesprächen ist: Es werden Angebote offeriert, die keiner hören will.

Deswegen merken Sie sich bitte auch beim Sponsern folgende Grundregel aus dem Verkauf:

Kein geschäftliches Angebot ohne Bedarf.

Ich habe beim Verkauf von Altersvorsorgesparplänen eines gelernt. Der potenzielle Kunde investiert nicht jeden Monat Geld in seine Vorsorge, wenn er den akuten Bedarf nicht erkennt beziehungsweise wenn ich als Verkäufer nicht in der Lage bin, diesen Bedarf durch mein Gespräch zu wecken. Dabei spielt es überhaupt keine Rolle, wie gut das Produkt ist. Sie können die „Eier legende Wollmilchsau" präsentieren, Sie werden sich die Zähne ausbeißen, wenn kein Bedarf bei Ihrem Gesprächspartner vorhanden ist. Denken Sie bitte einmal an das allen von uns bekannte Beispiel mit den Winterreifen. Die meisten Menschen müssen erst einmal im Schnee stecken bleiben, um den Bedarf an witterungsgemäßer Bereifung zu erkennen.

Wenn Sie jetzt noch meine persönliche Meinung erfahren wollen, dann sage ich Ihnen: Auch ein Sponsor- oder Rekrutierungsgespräch ist aus meiner Sicht ein Verkaufsgespräch. In diesem Fall zwar nicht für ein Produkt, aber es ist ein Verkaufsgespräch für ein Businessmodell, für eine Geschäftsidee oder viel mehr noch, für einen Lifestyle.

Das wiederum bedeutet, dass auch in jedem Einstellungsgespräch der Bedarf für eine geschäftliche Zusammenarbeit bei allen unseren Gesprächspartnern vorhanden sein oder aber erst geschaffen werden muss. Jeder Mensch braucht seinen persönlichen, guten Grund oder auch ein „WARUM", um im MLM einzusteigen. Wenn dieser gute Grund noch nicht offensichtlich erkennbar oder vielleicht noch gar nicht vorhanden ist, dann ist es Ihr Job als Kommunikationsprofi, diesen „guten Grund" sichtbar zu machen oder, wenn es sein muss, einen Bedarf zu schaffen.

Wenn er noch keine Kopfschmerzen hat, dann machen Sie ihm welche!

Auf gut Deutsch: „Wenn er noch keine Kopfschmerzen hat, dann machen Sie ihm welche!"

Das hört sich erst einmal anspruchsvoll an, ist es aber nicht. Im Folgenden erkläre ich Ihnen die Strategie, die Ihnen Tür und Tor zu den tiefsten und innersten Beweggründen Ihrer Interessenten öffnen wird.

Es gibt neben dem Herunterbeten eines Monologs eine viel edlere und effektivere Variante, nämlich mit dem Interessenten einen Dialog zu führen, durch spezielles Fragen und Nachfragen seine **Motive, Träume, Ängste, Bedürfnisse,** die **Dinge, die er mag** und viel wichtiger noch, die **Dinge, die er nicht mag,** herauszufinden und ihm dann von Ihrer Geschäftsidee genau DAS zu präsentieren, was er in diesem Moment am dringendsten braucht.

Sollte Ihnen das gelingen, dann haben Sie schon halb gewonnen.

Denken Sie immer daran, Menschen sind im Grunde egoistisch und Sie haben nur dann die höchsten Chancen, jemanden für Ihr Business zu gewinnen, wenn Sie es schaffen, dass der Interessent durch Ihre Geschäftsidee eine Verbesserung seiner aktuellen Bedürfnislage oder Lebensumstände erlangt.

Nochmals, niemand wird sich bewegen und „Vollgas geben" für Sie, für tolle Produkte oder für irgendeine Firma. Menschen „bewegen" sich meistens nur dann, wenn sie einen Vorteil für sich selbst darin sehen.

Sie verstehen nicht, was ich meine? Ganz einfach, ab heute ist es vollkommen egal, was Sie persönlich an Ihrem Geschäft gut oder toll finden, und es ist auch egal, warum Sie persönlich das Geschäft begonnen haben. Viel wichtiger ist: Was könnte Ihr Interessent an diesem Business gut finden und was könnte ihn bewegen, bei Ihnen einzusteigen?

Meine heutige Devise bei der Anwerbung von neuen Geschäftspartnern lautet:
Von mir bekommt es jeder so, wie er es braucht!

Und das sollte in Zukunft auch bei Ihnen so sein. Hier ein paar Beispiele dafür, was ich meine:

ⓘ Sprechen Sie mit einer jungen Mutter, die gleichzeitig Hausfrau ist und einen **kleinen Zusatzverdienst** braucht, dann bekommt sie von Ihnen genau den 400-Euro-pro-Monat-Job präsentiert, den sie ohne Stress und großen Zeitaufwand betreiben kann. Erklären Sie ihr, dass Network das

ideale Zusatzgeschäft für junge Muttis ist, weil
es keine festen Arbeitszeiten gibt, sich super mit
den familiären Mutterpflichten vereinbaren lässt
und vollkommen ohne Vorgaben und geschäftlichen Druck betrieben werden kann. Deswegen
lieben junge Muttis MLM!

ⓘ Haben Sie einen BWL-Studenten im Gespräch,
für den **Ausbildung und Persönlichkeits-
entwicklung** die größten Ressourcen darstel-
len, dann erklären Sie ihm doch die hochkarä-
tige Ausbildung in Ihrem Unternehmen und dass
Ausbildung mittelfristig immer noch die besten
Zinsen einbringt. Erklären Sie ihm, dass MLM die
ideale „Kinderstube" dafür ist, sich auf das Be-
rufsleben der heutigen Generation Y (das sind
die Wissens- und Lernsüchtigen, die Informati-
onshungrigen, die, die ständig „connected" sind
und mit den neuen Medien wie Internet und So-
cial Networks bestens umgehen können, die sich
nicht mehr nur an einen Job binden und möglichst frei, flexibel und selbstbestimmt arbeiten
wollen) vorzubereiten und risikolos Erfahrungen
in der freien Wirtschaft zu sammeln.

ⓘ Reden Sie mit einem Unternehmer, der große
Zahlen gewohnt ist, der **fünfstellige Beträge**

und möglichst **passiv verdienen** möchte, weil er ein fauler Hund ist, dann erklären Sie ihm, wann und mit wie wenig Arbeit er fünfstellige Beträge passiv verdient. Erklären Sie ihm, dass Leute, die selbst arbeiten, keine Zeit zum Geldverdienen haben und nur die, die an der Arbeitsleistung anderer partizipieren, wirklich reich werden.

ⓘ Haben Sie die Ehefrau eines erfolgreichen Arztes oder eines anderen Topverdieners am Tisch, der **neue soziale Kontakte** und **ein wenig Abwechslung** wichtig sind, dann geben Sie ihr soziale Kontakte und Abwechslung. Diese Abwechslung kann sie jederzeit auf Firmenmeetings, Events und Trainings bekommen und sie pflegt gleichzeitig auch guten Kontakt zu neuen, netten Menschen.

ⓘ Reden Sie mit einem Freiberufler, der ein **zweites geschäftliches Standbein** zur Existenzsicherung sucht, dann erklären Sie ihm MLM als ideales Existenzsicherungskonzept für Selbstständige! Ich berichte dann von Selbstständigen, die in meinem Partnerunternehmen tätig sind und die in auftragsschwachen Zeiten von ihrem Einkommen aus dem Network-Geschäft bestens leben können.

ⓘ Sollte Ihr Interessent **gerne auf Reisen gehen und Urlaub machen,** dann stellen Sie ihm die Incentives und Wettbewerbsreisen Ihres Partnerunternehmens für die Besten vor! Durchforsten Sie mit ihm Ihre Firmenzeitung oder ein eigens angelegtes Fotobuch, in dem Sie Ihre Reisen und Erlebnisse dokumentiert haben, und nehmen Sie ihn mit auf einen Trip zu den schönsten Plätzen der Welt. Erklären Sie ihm, dass er die Möglichkeit hat, sein Geschäft von dort zu betreiben, wo andere Leute Urlaub machen!

ⓘ Wenn Ihr Gesprächspartner **schon in Rente** ist und einfach **nur unter Leute kommen** will, dann erklären Sie ihm, dass es der ideale Zweitjob für Rentner ist, bei dem der Austausch von Lebenserfahrung und der Zusammenhalt einer großen Gemeinschaft die wichtigsten Punkte sind. Jeder hilft jedem, keiner wird alleingelassen und zusätzlich wird die Rente noch ein wenig aufpoliert. Zeigen Sie z.B. Ihrem Interessenten einen Zeitungsartikel, in dem steht, dass Rentner, die viel erleben und geschäftlich aktiv sind, wesentlich zufriedener sind als andere.

ⓘ Wenn Ihr Gesprächspartner äußert, **Millionär werden zu wollen,** dann rechnen Sie ihm vor, wie er die Million verdienen kann, und dann sagen Sie ihm, dass die Chance, Millionär zu werden, im MLM sehr groß ist. Denn Network-Marketing hat wahrscheinlich im Verhältnis zu anderen Branchen bisher die meisten Millionäre hervorgebracht. Nennen Sie ihm Beispiele aus Ihrem Unternehmen.

ⓘ Sollte es das Lebensziel Ihres Interessenten sein, so viel wie möglich **Gutes zu tun, sich sozial zu engagieren** und andere **Menschen bei ihrer positiven Entwicklung zu unterstützen,** dann berichten Sie von den sozialen und wohltätigen Projekten oder auch von Einzelpersonen, Sportlern oder Kindern, die von Ihrer Firma unterstützt und gefördert werden.

ⓘ Ist Ihr Interessent ein **Autonarr,** dann erklären Sie ihm das Autoprogramm Ihrer Company und die Chance, einmal eine Luxuskarosse zu Sonderkonditionen oder vielleicht sogar umsonst zu fahren. Lassen Sie ihn sich seinen Traumwagen aussuchen und errechnen Sie zusammen genau, was er tun muss, um diesen Wagen zu besitzen.

Sicherlich merken Sie schon, wohin die Reise geht. Man könnte die Liste sicherlich noch um einige

Punkte erweitern und fortführen, aber ich bin mir sicher, Ihnen ist jetzt schon ein wenig klarer geworden, worum es geht. Ziel ist es, ein maßgeschneidertes Gespräch zu führen, abgestimmt auf die Bedürfnisse, Interessen und Motive Ihres Gegenübers. An dieser Stelle möchte ich noch anmerken, dass Sie durchaus auch über alle anderen Vorzüge Ihrer Geschäftsidee oder der geschäftlichen Zusammenarbeit reden können, allerdings sollte die Gewichtung passen, das heißt, reden Sie über die Punkte am ausführlichsten, die Ihren Interessenten am meisten interessieren.

Das ist die Oberliga beim Sponsern und Rekrutieren im persönlichen Zweiergespräch!

Wenn man einem anderen das geben möchte, was er braucht, muss man vorher herausgefunden haben, was er möchte. Dies funktioniert nur durch FRAGEN, und genau darüber werden wir uns jetzt noch intensiver unterhalten.

Doch erst noch einmal zurück zum Gespräch. Bei der gerade beschriebenen Vorgehensweise der Gesprächsführung hat mir persönlich meine Vergangenheit als Angler und Petrijünger sehr geholfen. Eines habe ich schon beim Fischen gelernt. Wenn ich Karpfen fangen möchte, dann hänge ich Kartoffeln an den Haken, mag ich einen Hecht, dann ziehe ich einen glitzernden Blinker durchs Wasser, und wenn ich Aal fangen will, dann hänge ich einen fetten Wurm an den Haken, den ich auf den Grund des Sees lege, und das am besten noch nachts.

Verstehen Sie? **Der Köder muss dem Fisch schmecken und nicht dem Angler.** Selbst wenn Sie der Meinung sind, dass Sie einen Zentner Kartoffeln in den See kippen müssen, um einen Aal zu fangen, wird das trotzdem nicht zum gewünschten Ergebnis führen. Bei Kartoffeln kommen Karpfen, wenn es glitzert, kommt der Hecht, und wenn der Wurm groß genug ist, dann gibt es Aal. Oder für die Nichtangler: Es wird schwierig, mit einem Schraubendreher eine Scheibe Brot abzuschneiden.

Beim Sponsern von neuen Geschäftspartnern läuft es genauso ab. Wenn ich wie unter Drogeneinfluss immer nur von großen Beträgen, vom passiven Einkommen und von finanzieller Unabhängigkeit spreche, dann werde ich auch nur die Menschen damit beeindrucken, für die das tatsächlich wichtig ist. Alle Personen, die andere Motive haben, erreiche ich mit dieser Kommunikation nicht, schlimmer noch, ich vergraule sie sogar. Und bitte glauben Sie mir: Obwohl man das auf den ersten Blick gar nicht glauben möchte, gibt es unheimlich viele Menschen, die MLM nicht unbedingt nur des Geldes wegen betreiben.

Hier noch ein Beispiel zum besseren Verständnis. Angenommen, Sie erklären 100 Menschen nach dem gleichen Gesprächsmuster Ihre Geschäftsidee. Dann kann es sein, dass Sie bei diesen 100 Menschen 20 erwischen, die das, was Sie sagen, gut finden. Das wäre so, als wenn Sie immer nur mit Kartoffeln angeln, dann erwischen Sie von den 100 Fischen im See nur die Karpfen. Wenn Sie aber mit verschiedenen Ködern fischen, dann werden Sie in Zukunft nicht nur Karpfen fangen, sondern auch die anderen Fische.

Ich unterstelle an diesem Punkt Folgendes: Wenn es Ihre Strategie ist, bei diesen 100 Leuten durch eine gute Fragetechnik zu Beginn des Gespräches herauszufinden, wo deren Motive und Bedürfnisse liegen, dann können Sie auch Ihre Geschäftspräsentation optimieren und diesen Menschen genau das erzählen, was sie hören wollen und müssen.

Das Ergebnis wird sein, dass Sie von diesen 100 Menschen weit mehr als 20 erreichen und deswegen auch mehr als 20 für Ihr Business einschreiben werden. Vielleicht 30 oder sogar noch mehr. Warum? Ganz richtig, weil Sie den Fischen den passenden

Die Kunst des Fragens:
Wer fragt,
der führt,
wer zu viel fragt,
der nervt,
wer falsch fragt,
erfährt gar nichts!

Köder angeboten haben und Ihr Wirkungsgrad damit viel größer wird.

Der Kaufmann würde sagen: Das bedeutet, dass Sie mit dem gleichen Einsatz an Zeit und persönlichen, unternehmerischen Ressourcen schneller Ihre gesteckten Ziele erreichen.

Im folgenden Part möchte ich Ihnen nun konkret einen Überblick über die geläufigsten Formen von Fragen und Beispiele für deren Einsatz bei der Gesprächsführung im Rekrutierungs- bzw. Sponsorgespräch geben.

Durch Fragen lenkt und leitet man ein Gespräch. Sie eignen sich insbesondere, um eigene Ideen und Infos zu transportieren. Was aber noch viel wichtiger ist, sie sind der Schlüssel dafür, wichtige Informationen vom Gesprächspartner zu erhalten.
Mit Sicherheit erinnern Sie sich? (Das war eine Suggestivfrage ;-)): In den Informationen, die wir erhalten, sind in der Regel auch die Motive, Bedürfnisse und Beweggründe unserer Gesprächspartner versteckt.
Mit guten Fragen lässt sich ein Gesprächsverlauf jederzeit in die richtige oder auch gewünschte Richtung lenken. Sie gehören deswegen zum Hand-

werkszeug eines jeden Kommunikationsprofis und natürlich auch eines jeden, der es werden will!

Bitte machen Sie sich bewusst, dass Fragen dazu dienen, neue Perspektiven und Sichtweisen zu entwickeln, zum Nachdenken anzuregen, den Blickwinkel und die Anzahl der Handlungsmöglichkeiten zu erweitern sowie Alternativen und Lösungswege mit dem Interessenten gemeinsam zu entwickeln.

Die drei wichtigsten Formen des Fragens

Grundsätzlich wollen wir uns aus Gründen der Einfachheit am Anfang mit drei unterschiedlichen Formen des Fragens beschäftigen.

Wenn Sie als Networker diese drei Formen bewusst einsetzen, wird es Ihnen ohne Weiteres möglich sein, genau die Infos zu erhalten, auf die Sie „scharf" sind, und dem Gespräch die Richtung zu geben, die es haben soll.

Gegen Ende meiner Ausführungen werde ich noch auf ein paar Sonderformen von Fragen eingehen. Doch hier zunächst die drei wichtigsten Basisvarianten.

1) Offene oder auch öffnende Fragen

Eigenschaften und Zweck:

ⓘ Sie laden zum detaillierten Berichten und Beschreiben ein, sie lenken das Sponsorgespräch in Richtung Dialog.

ⓘ Sie dienen dazu, wirklich neue Infos über den Interessenten und seine berufliche und/oder auch familiäre Situation zu bekommen.

ⓘ Sie lenken und steuern den Denk- und Suchprozess beim Interessenten.

ⓘ Diese Fragen richten sich auf die Beschreibung beziehungsweise Schilderung von Lebensumständen, Situationen, Erlebnissen, Geschehnissen, Beobachtungen und Gefühlen.

ⓘ Sie bringen Dynamik in ein Gespräch.

Beispiele:

❓ *Wie ist deine derzeitige berufliche Situation?*

❓ *Welche Hobbys und Interessen hast du neben deinem Job?*

❓ *Wie läuft das mit der Bezahlung in deinem jetzigen Job?*

❓ *Wie verbringst du deine Freizeit?*

❓ *Welche Rolle spielt das Thema Familie in deinem Leben?*

❓ *Welche Rolle spielen Kinder für dich in deinem Leben?*

? *Wie sieht es mit der Gesundheit bei dir aus?*

? *Wo verbringst du am liebsten deinen Urlaub?*

? *Wie viel Zeit bleibt dir noch für die schönen Dinge des Lebens?*

? *Was machst du am liebsten, wenn du nicht arbeitest?*

2) Interessiertes und / oder intensives Nachfragen

Eigenschaften und Zweck:

Beim Rekrutieren wird meistens auf ausführliches Nachfragen verzichtet. Man gibt sich oft mit den erstbesten Antworten zufrieden und kratzt damit nur an der Oberfläche. Es lohnt sich aber, eine Haltung der Neugier einzunehmen. Das schafft Zugang zum Menschen. Lassen Sie sich alles näher beschreiben. Fragen Sie in die „Tiefe"! Wenn es sein muss, und das muss es fast immer, gerne auch mehrfach.

ⓘ Durch Nachfragen zeigt man Neugier und Interesse am Detail.

ⓘ Interessiertes Nachfragen vermittelt Ihre wert-schätzende Haltung bezüglich der Infos, die Sie von Ihrem Gesprächspartner erhalten.

ⓘ Nachfragen beugt Missverständnissen und Mei-nungsverschiedenheiten vor.

ⓘ Nachfragen lädt zum nochmaligen Überlegen und Nachdenken ein.

ⓘ Man erfährt nicht nur die „schönen Gründe", sondern auch die „wahren Gründe".

ⓘ Das Vertrauensverhältnis zwischen Ihnen und dem Interessenten vertieft sich, je mehr Infos er Ihnen anvertraut.

ⓘ Sie bekommen ein klareres Bild von Motivstruk-turen und Bedürfnissen des zu Rekrutierenden.

Beispiele – bezogen auf das Hobby:

❓ *Wie lange beschäftigst du dich schon mit dem Thema …?*

❓ *Ist das eigentlich kostenintensiv, wie viel muss man im Schnitt pro Monat investieren?*

❓ *Wie viel Zeit verbringst du pro Woche mit deinem Hobby?*

❓ *Was sagt deine Frau dazu, dass du so viel Zeit mit deinem Hobby verbringst?*

❓ *Wie hast du dir das ganze Wissen zu diesem Thema angeeignet?*

❓ *Bis du in einem Verein / Verband oder machst du das ganz für dich alleine?*

❓ *Übst du dein Hobby zusammen mit Freunden aus oder eher allein?*

❓ *Hast du auch noch andere Hobbys oder ist das das einzige?*

Beispiele – bezogen auf den Verdienst:

❓ *Was verdienst du genau in deinem Hauptjob?*

❓ *Wie hoch ist dein aktueller Stundenlohn?*

❓ *Bekommst du dein Geld immer pünktlich?*

❓ *Wann hattest du deine letzte Lohnerhöhung?*

? *Wie viel deines Gehaltes ist fix und wie viel bekommst du auf Provisionsbasis?*

? *Wie hat sich dein Gehalt in den letzten Jahren entwickelt?*

? *Bekommst du noch andere Bezüge in deinem Job, z. B. geldwerte Vorteile in Form von einem Firmenwagen oder Ähnlichem?*

? *Reicht dieser Verdienst, um noch ein wenig zu sparen?*

Beispiele – bezogen auf die Familie:

? *Wie lange bist du schon mit deiner Lebensgefährtin zusammen?*

? *Lebt ihr zusammen oder noch getrennt?*

? *Wie lassen sich eure Jobs mit dem Privatleben vereinbaren? Bleibt da noch Zeit für gemeinsame Erlebnisse?*

? *Wie viel Zeit verbringt ihr so miteinander?*

? *Bist du ein richtiger Familienmensch?*

❓ *Wie sieht es mit Kindern aus, sind da bei euch welche geplant?*

❓ *Auf welche Dinge legst du in einer Partnerschaft besonderen Wert?*

❓ *Verbringt ihr eure Freizeit immer gemeinsam oder bleibt noch Platz für persönliche Freiräume?*

Beispiele – bezogen auf eine Krankheit / Gesundheit:

❓ *Wie macht sich deine Krankheit bemerkbar?*

❓ *Wie lange kämpfst du schon mit diesem Problem?*

❓ *Hast du dir einmal alternativ die Meinung von anderen Medizinern eingeholt?*

❓ *Wie stehst du persönlich zum Thema Alternativmedizin?*

❓ *Ist das dein einziges Problem oder zwickt es auch noch an anderen Stellen?*

❓ *Wie kommst du im Job und im Alltag mit dem Thema zurecht?*

? *Gibt es eigentlich viele Menschen, die unter diesem Problem leiden?*

? *Welche Behandlungsmethoden gibt es da heutzutage?*

? *Wie wird es unter den Umständen beruflich für dich weitergehen?*

Ergänzende Formen des Nachfragens sind:

ⓘ Fragen nach bestimmten Details: *Wie war das genau?*

ⓘ Fragen nach mehr Information: *Was noch ...?*

ⓘ Fragen nach Differenzierungen: *Wodurch unterscheidet sich die jetzige Situation von der zukünftigen?*

3) Geschlossene oder auch schließende Fragen

Eigenschaften und Zweck:

ⓘ Hier ist ein Rahmen vorgegeben, in dem die Antwort zu erfolgen hat, entweder JA oder NEIN!

ⓘ Sie dienen der Kommunikation von harten Zahlen, Daten und Fakten.

ⓘ Vom befragten Interessenten kommen in der Regel keine neuen Infos hinzu.

ⓘ Diese Fragen stellt man Leuten, die von sich aus viel erzählen und zum ausführlichen Reden neigen, sie bremsen die Dynamik eines Gespräches.

ⓘ Sie werden gestellt, wenn keine ausführlichen Schilderungen und Beschreibungen vom Interessenten gewünscht sind.

ⓘ Sie werden eingesetzt, um möglichst bei einem Thema zu bleiben und nicht abzuschweifen.

Beispiele:

❓ *Hast du Kinder?*

❓ *Warst du gestern mit deiner Familie unterwegs?*

❓ *Willst du Alternativen zum jetzigen Job kennenlernen?*

❓ *Bist du im Moment glücklich?*

? *Bist du gesund?*

? *Wie viele Jahre bist du schon im jetzigen Job tätig?*

? *Hast du genügend Freizeit?*

? *Ist dein Verdienst ausreichend?*

? *Hast du ein Hobby?*

? *Kommst du gut mit der Doppelbelastung zurecht?*

Frageformen in der Geschäftspräsentation

Damit Sie auch wissen, in welcher Gesprächsphase welche Fragen ganz besonders wichtig sind, hier noch einmal kurz der Aufbau eines Vier-Augen-Sponsor- bzw. Rekrutierungsgespräches!

Jedes persönliche Zweiergespräch, in dem einem Interessenten eine Geschäftsidee präsentiert wird, sollte grundsätzlich folgende vier Phasen durchlaufen:

1) Aufwärmphase oder auch Warm-up

Diese Phase ist aus meiner Sicht die Basis, das Fundament für eine gute Geschäftspräsentation. Ich habe es schon mehrmals in unseren Publikationen erwähnt, aber man kann es nicht oft genug betonen. „Erst stimmt die Chemie und dann stimmen auch irgendwann die Zahlen." Menschen werden von Menschen gewonnen und nicht von Systemen, Firmen oder gar Vergütungsplänen.

Deswegen sind ein gutes Vertrauensverhältnis und der Aufbau von Sympathie zwingend erforderlich. Erst wenn der „Bauch" beim Interessenten „Ja" sagt, gehen auch alle anderen Synapsen auf

Empfang und er/sie ist offen für Informationen bezüglich Geschäft, Produkt oder Verdienst. Diese erste Gesprächsphase ist davon geprägt, sich gegenseitig „abzuchecken" oder vorzustellen und dem Interessenten eventuell einen Vertrauensvorschuss, das heißt, persönliche Informationen von sich selbst zu geben. Wichtig ist hierbei, **Dinge zu finden, die verbinden** und über die man sich mit beiderseitigem Interesse unterhalten kann.

Das können Gemeinsamkeiten beim beruflichen Werdegang, bei der familiären Situation, bei der Lebensgeschichte, gleiche Erlebnisse oder eine ähnliche Vergangenheit sein. Je mehr Dinge Menschen miteinander teilen, desto sympathischer finden sie sich und desto mehr Vertrautheit entsteht im Gespräch.

In dieser Gesprächsphase spielen anfangs vor allem kurze geschlossene oder schließende Fragen eine Rolle (auch wenn das ein wenig paradox klingen mag), um möglichst schnell auf den Punkt Informationen zu sammeln und zu entscheiden, mit welchem Thema der Sympathieaufbau vorangebracht werden soll.

Ist ein „verbindendes" Thema gefunden, sollten **sukzessive offene oder auch öffnende Fragen** eingesetzt werden, um detailliert mehr Infos vom

Gesprächspartner zu bekommen und das Gespräch zu vertiefen!

Eine große Zahl von erfahrenen Vertriebs- und Network-Profis ist übrigens der Meinung, dass schon in dieser Phase die Entscheidung fällt, ob der Interessent ins Geschäft einsteigt oder nicht, oder besser noch, ob man den Interessenten „kriegen kann" oder nicht.

Für absolute MLM-Beginner klingt das sicherlich ein wenig übertrieben, aber es gibt Vollblut-Networker, die wissen intuitiv in dieser Phase, ob sie den Gesprächspartner fürs Geschäft einschreiben werden oder nicht!

ⓘ Profitipp

Wenn Sie den Eindruck haben, dass die Chemie zwischen Ihnen und Ihrem Interessenten noch nicht stimmt, machen Sie mit dem Vertrauensaufbau so lange weiter, bis Sie das Gefühl haben, dass sich die Stimmung zwischen Ihnen beiden verbessert hat. Erst dann leiten Sie über zur Motivfindungsphase bzw. zu Ihrer Geschäftspräsentation!

2) Motivfindungsphase, Bedarfsanalyse

Sie ist meines Erachtens die wichtigste Phase im persönlichen Sponsorgespräch, denn hier gilt es nun herauszufinden, mit welchem „Köder" Sie Ihren

Interessenten anlocken oder auch welchen Part Ihres Geschäftes Sie in der nachfolgenden Geschäftspräsentation besonders „schillernd" anpreisen werden!

Hier stellt sich heraus, ob Sie in der Lage sind, Ihrem Interessenten persönliche Infos zu entlocken, seine aktuelle Bedürfnislage einzuschätzen und die Dinge in Erfahrung zu bringen, die im Leben Ihres potenziellen Geschäftspartners eine Rolle spielen. Ich sage auch immer, hier geht es darum, den Punkt im Leben des Interessenten zu finden, wo es ein bisschen „drückt", den Punkt, mit dem er/sie nicht ganz zufrieden ist oder wo Verbesserungspotenzial bestehen könnte.

Sie erinnern sich? Bitte sprechen Sie nicht so viel von sich, sondern versuchen Sie vielmehr, die Triebfedern, Motive, Ängste, Sehnsüchte und Träume Ihres Kandidaten herauszufinden. Die kleine „Schraube", an der Sie dann behutsam drehen können, um diesen Menschen für sich zu gewinnen. Bitte machen Sie sich an dieser Stelle Folgendes bewusst: Jeder Mensch hat so eine kleine „Schraube", jeder hat etwas, was ihn besonders stark im Moment oder grundsätzlich im Leben antreibt. Es ist nur die Frage, ob Sie in der Lage sind, diese „Schraube" zu finden.

Wenn ja, dann haben Sie gewonnen!

Die Werkzeuge, die Sie dazu in dieser Gesprächsphase einsetzen sollten, sind **offene oder öffnende Fragen** sowie **interessiertes und intensives Nachfragen.** Dies sollte mit großem Interesse an der Person, Beharrlichkeit, Ausdauer, Fingerspitzengefühl und einer Haltung der „wahrhaftigen Neugier" geschehen.

3) Geschäftspräsentation

In der Geschäftspräsentation geht es jetzt darum, dem Interessenten konkrete Zahlen, Daten, Fakten und Detailinfos in Bezug auf Ihre Geschäftsidee zu liefern.

Eine gute Präsentation ist immer so aufgebaut, dass sie Informationen zu Markt und Branche, Partnerunternehmen, Produkten, Verdienst, Aufgaben- und Tätigkeitsprofil sowie Karriere/Ausbildung und Zukunftsperspektiven aufzeigt. Auch wenn das sehr umfangreich klingt, so ist es doch im Prinzip ganz einfach.

Da die Chemie zwischen Ihnen und Ihrem Gesprächspartner stimmt und Sie genau wissen, was ihn antreibt und wo sein Motive liegen, werden Sie ihm vorzugsweise genau die Dinge von Ihrem Business präsentieren, die ihn/sie auch interessieren könnten. Das ist in recht überschaubarer Zeit bewerkstelligt, da Sie nicht über alle Punkte Ihres Geschäftes gleich viel berichten müssen.

Wohlgemerkt, Sie haben zwar das ganze Repertoire an der Hand, wählen aber entsprechend aus. Sie werden jemanden, der auf Ausbildung steht, nicht mit den Inhaltsstoffen Ihrer Produkte langweilen, jemanden, der den Verdienst wissen möchte, nicht mit dem Rechenschaftsbericht Ihres Partnerunternehmens vergraulen und bei jemandem, bei dem soziale Gesichtspunkte und ethische Aspekte im Vordergrund des Business stehen, werden Sie nicht damit prahlen, dass die Besten in Ihrem Partnerunternehmen ausschließlich Porsche und Ferrari fahren.

Übrigens, bitte sprechen Sie bei einer jungen Mutti im Kindererziehungsjahr auch nicht von Milliardenmärkten, internationaler Expansion, fünfstelligem Verdienst nach zwei Monaten Einarbeitungszeit und davon, dass Ihr Partnerunternehmen für die Besten einen Flug ins Weltall organisiert ;-)!

Sie erinnern sich? Schneidern Sie Ihre Präsentation genau auf Ihren Interessenten zu und geben Sie ihm/ihr genau die richtige Dosis von der Medizin, die er oder sie auch vertragen kann!

Die Präsentation des Geschäftes ist naturgemäß eher ein Part, in dem Sie sprechen und weniger Ihr Interessent. Allerdings sollten auch hier hin und wie-

der Fragen Ihrerseits zum Einsatz kommen. So können Sie sich **zwischendurch Feedback und die
persönliche Meinung des Interessenten abholen,** sogenannte **Vorabschlüsse machen** oder bestimmte **Parts der Präsentation im Detail vertiefen.** In dieser Phase des Gespräches kommen alle
drei Formen von Fragen vor. Offene oder öffnende
Fragen, geschlossene oder schließende Fragen und
natürlich das Nachfragen!

4) Abschluss

Die Abschlussphase eines Sponsor- oder Rekrutierungsgespräches ist zweifelsohne für Sie als Networker die interessanteste. Jetzt geht es darum, dass der
Interessent „Farbe bekennt", dass er seine Meinung
zu Ihrem Konzept äußert und dass er bestenfalls bei
Ihnen einsteigt.

**Das Fragen ist in dieser Phase unerlässlich, um
zum Abschluss zu kommen.** Ich sage das deswegen, weil viele Networker in der Tat sehr gut informieren und präsentieren, nur in der Abschlussphase
bekommen Sie „weiche Knie" und trauen sich nicht,
die berühmt-berüchtigte Abschlussfrage zu stellen. Manche vergessen schlichtweg, das Feedback
des Interessenten „just in time" einzuholen. Was
auch immer der Grund dafür sein mag, ob sie sich
nicht trauen oder ob sie die Abschlussfrage schlicht

vergessen, es kommt auf dasselbe Ergebnis heraus! Sie werden keine/n neue/n Partner/in einschreiben.

Auch ich persönlich habe in meiner Anfangszeit im Vertrieb aus meiner Sicht erstaunlich gute Gespräche geführt, nur verkauft habe ich nicht, geschweige denn, dass ich jemanden konkret für das Business eingeschrieben hätte.
Nicht dass ich es nicht wollte, nein, mir fehlten schlichtweg die Mittel und Werkzeuge, ja, was soll ich sagen? Mir fehlte eine passende Abschlussfrage.

In der Abschlussphase des Sponsorgespräches sollte man sich **offener oder auch öffnender Fragen** bedienen, um ein direktes Feedback vom Interessenten einzuholen, mit gekonntem Nachfragen dieses Feedback positiv verstärken und danach möglichst mit einer Alternativfrage „den Sack zumachen".

Hier einige Beispiele für die Abschlusstechnik mittels Alternativfrage:

ⓘ **Beispiel 1**

💬 *Lieber Gesprächspartner, was hat dir jetzt besonders an diesem Business gefallen …?* (öffnende Frage)

🗨️ *Na, ja! Ganz besonders das solide Partnerunternehmen!*

🗨️ *Das finde ich toll! Was begeistert dich speziell an dieser Firma?* (Nachfrage)

🗨️ *Die soliden Finanzen und die überzeugenden Firmenkennzahlen!*

🗨️ *Wenn ich ehrlich bin, ist das ganz genau der entscheidende Punkt! Übrigens hat sich der Großteil unserer bestehenden Geschäftspartner genauso wie du wegen dieses soliden Partners für eine Zusammenarbeit entschieden! Wann wollen wir unseren gemeinsamen Erfolgsweg starten? Wollen wir im nächsten Monat loslegen oder möchtest du sofort beginnen?* (Alternativfrage)

Hier wird die Alternativfrage in Bezug auf den Beginn der Zusammenarbeit gestellt.

ⓘ **Beispiel 2**

🗨️ *Lieber Gesprächspartner, was hat dir jetzt besonders an diesem Business gefallen …?* (öffnende Frage)

💬 *Na, ja! Ganz besonders die tollen, patentierten Produkte!*

💬 *Das finde ich super!! Was begeistert dich speziell an den Produkten?* (Nachfrage)

💬 *Im Prinzip das patentierte Herstellungsverfahren und die einzigartigen Inhaltsstoffe!*

💬 *Wenn ich ehrlich bin, ist das ganz genau der entscheidende Punkt! Übrigens hat sich der Großteil unserer bestehenden Geschäftspartner genauso wie du wegen dieser patentierten und einzigartigen Produkte für eine Zusammenarbeit entschieden! Wie wollen wir unseren gemeinsamen Erfolgsweg starten? Möchtest du mit dem Einsteigerpaket oder mit dem Schnellstarterpaket beginnen?* (Alternativfrage)

In diesem Fall bezieht sich die Alternativfrage auf die „Größe" des zu bestellenden Produktpaketes.

ⓘ **Beispiel 3**

💬 *Lieber Gesprächspartner, was hat dir jetzt besonders an diesem Business gefallen ...?* (öffnende Frage)

🗨 *Na, ja! Ganz besonders die Möglichkeit, einmal passives Einkommen zu erzielen!*

🗨 *Das finde ich toll! Was begeistert dich speziell am passiven Einkommen?* (Nachfrage)

🗨 *Die Tatsache, dass ich auch dann mitverdienen werde, wenn ich selbst einmal nicht aktiv arbeite, weil ich im Urlaub bin oder so!*

🗨 *Wenn ich ehrlich bin, ist das ganz genau der entscheidende Punkt! Übrigens hat sich der Großteil unserer bestehenden Geschäftspartner genauso wie du wegen des passiven Einkommens für eine Zusammenarbeit entschieden! Wie wollen wir nun unseren gemeinsamen Erfolgsweg starten? Möchtest du eher passives Einkommen im Kundenbereich aufbauen oder möchtest du Businessbuilder werden?* (Alternativfrage)

In diesem Fall bezieht sich die Alternativfrage auf die Strategie der Zusammenarbeit beziehungsweise die Art und Weise des Geschäftsaufbaus.

Alle **Alternativfragen,** egal auf was sie sich beziehen, setzen im Prinzip voraus, dass der Interessent starten möchte. Sie fragen ihn also nicht: „Möchtest du mitmachen?", denn das ist eine geschlossene Frage und Sie riskieren hier ein unnötiges NEIN oder beschwören damit einen „Überleger" herauf.

Sondern Sie fragen: *Ab wann möchtest du mitmachen, ab morgen oder wollen wir sofort starten?*

Sie nutzen also immer, wie in den drei o. g. Bespielen, zwei Alternativen beziehungsweise Möglichkeiten, zwischen denen sich der Interessent entscheiden kann. Mit sehr hoher Wahrscheinlichkeit wird er sich, sofern Sie im vorangegangenen Gespräch keine gravierenden Fehler gemacht haben, zu einer der von Ihnen angebotenen Varianten entschließen.

Sicher haben Sie auch gemerkt, dass die Gesprächsstruktur der oben aufgeführten Beispiele immer gleich ist. Sie können gern Ihrer Fantasie freien Lauf lassen und noch viele andere Variationen von Alternativfragen kreieren, allerdings würde ich empfehlen, die **Grundstruktur des Gespräches** beizubehalten, und die lautet:

1 mit einer öffnenden Frage Feedback abholen

2 durch Nachfragen Feedback positiv verstärken (Interessent „verkauft" sich dadurch seine favorisierten Punkte nochmals selbst)

3 mit Alternativfrage abschließen.

Extra: Spezialfragen und Sonderformen von Fragen

So weit zu den vier Phasen einer Geschäftspräsentation und den dazugehörigen Formen des Fragens. Nachfolgend möchte ich Ihnen – quasi als Zugabe – noch ein paar Spezialfragen beziehungsweise Sonderformen von Fragen an die Hand geben, um Ihr Repertoire im Gespräch noch ein wenig zu erweitern. Alle nachfolgend genannten Spezialformen können wiederum einer der drei Hauptgruppen von Fragen zugeordnet werden. Entweder gehören sie zu den öffnenden, den schließenden oder zu irgendeiner Form des Nachfragens.

Traum- oder Wunderfragen

Sie gehören zu den öffnenden Fragen und lassen sich ganz besonders gut in der Motivfindungsphase oder auch bei der Bedarfsanalyse einsetzen. Sie regen den Interessenten zum Träumen oder auch „Spinnen" an und lassen unter Umständen auf die tief verborgen liegenden Wünsche, Träume oder Ziele schließen. Manchmal bringt solch eine Frage auch wieder Sehnsüchte an die Oberfläche, die im Laufe des Lebens schon „beerdigt" wurden! Übrigens ist dies genau das, was wir beim Sponsern neuer Partner brauchen.

? *Wie würde zum jetzigen Zeitpunkt dein Traumjob aussehen?*

? *Wenn über Nacht ein Wunder geschehen würde, was würde sich in deinem Leben positiv verändern?*

? *Wenn es eine Fee gäbe, die dir drei Wünsche erfüllen könnte, welche Wünsche wären das?*

Suggestivfragen

Das sind Fragen, die Ihr Gegenüber in eine bestimmte Richtung beeinflussen und ihm die Antwort fast zwingend nahelegen. Ich würde sie in die Kategorie der schließenden Fragen einordnen, da sie dem Gesprächspartner wenig Raum für eigene Ausführungen lassen und in der Regel ausschließlich der Bestätigung eigener Ideen, Sachverhalte oder Schilderungen dienen.

Sie sollten mit viel Fingerspitzengefühl und in der richtigen Dosis eingesetzt werden. Zu viele Suggestivfragen werden vom Gegenüber oftmals als zu vereinnahmend und unangenehm empfunden.

? *Ist es nicht so, dass du im Moment sehr oft unzufrieden bist?*

? *War es bei dir nicht schon immer so, dass du zu wenig Durchsetzungsvermögen hattest?*

? *Ich hatte während des Gespräches schon sehr oft den Eindruck, dass dir viele Punkte sehr gut gefallen haben? Ist es nicht so?*

Oftmals kann man, so wie im letzten Beispiel, eine Aussage allein durch die entsprechende Betonung zur Suggestivfrage machen.

Skalierungsfragen

Sie gehören zu den schließenden Fragen und eignen sich hervorragend dazu, schon während des Gespräches ein Zwischenfeedback abzuholen oder einen Vorabschluss (Abschluss vor dem eigentlichen Abschluss) zu platzieren.

Das ergibt durchaus Sinn, denn so können Sie prüfen, inwieweit der Interessent Ihren Ausführungen folgt, wie er dazu steht und ob er inhaltlich mit Ihnen auf einer Welle liegt. Viele Networker vergessen, sich schon während des Gespräches Feedback vom Interessenten abzuholen, und sind oftmals dann am Ende überrascht, wenn ein NEIN kommt.

Die Gründe für dieses NEIN am Ende des Gespräches zu identifizieren, ist meistens sehr schwierig. Wenn man aber durch Skalierungsfragen schon während des Gespräches feststellt, dass dem Interessenten irgendwo der „Schuh drückt", kann man durch gekonnte Argumentation und Behandlung von Einwänden mögliche Bedenken schon während des Gespräches ausräumen.

? *Wenn du die Solidität der Firma bewerten müsstest: Welche Wertung würdest du auf einer Skala von eins bis zehn abgeben? Zehn wäre schlecht, eins die beste Bewertung?*

? *Inwieweit haben dir die Infos gefallen, die ich dir bis jetzt gegeben habe? Bitte vergib doch einmal eine Schulnote von eins bis sechs!*

? *Wie stehst du bis jetzt zu einer Zusammenarbeit? Pro, kontra oder eher neutral?*

Skalierungsfragen sind übrigens auch sehr gut in der Abschlussphase eines Sponsorgespräches einsetzbar. Sie können hier idealerweise der abschließenden Alternativfrage vorgeschaltet werden.

Gegenfragen

Gegenfragen setzt man hauptsächlich ein, um sich selbst im Gespräch Zeit zu verschaffen, oder aber, um unangenehmen Fragen vom Interessenten „eloquent" zu begegnen! Man sagt auch umgangssprachlich, dass man durch den Einsatz einer Gegenfrage den „Ball" im Gespräch zum Interessenten „zurückwirft"! Gegenfragen können als eine Form des Nachfragens verstanden werden.

🗨 *Wie viel verdienst du in diesem Geschäft?*
🗨 *Schätze doch einmal ;-)*

🗨 *Wie lange braucht man, bis man das Eigenumsatzvolumen bewältigt hat?*
🗨 *Das ist unterschiedlich! Was denkst du, wie lange du dafür brauchen wirst?*

🗨 *Muss ich mich dafür sofort entscheiden oder habe ich noch Bedenkzeit?*
🗨 *Was sagt dir dein Bauch? Was denkst du :-)?*

So aktivieren Sie den „Selbstrekrutierungseffekt"

Abschließend möchte ich ein Beispiel für eine Unterhaltung aufführen. Ich möchte Ihnen ein wenig Gefühl dafür geben, dass der Einsatz guter Fragen nicht nur im Sponsorgespräch selbst, sondern auch in vielen anderen Gesprächssituationen höchst gewinnbringend sein kann.

Auch hierbei werden Sie feststellen, dass es erst einmal wichtiger ist, den Gesprächspartner zu „öffnen" und zum Reden zu bringen, als ihn sofort mit einseitigen Gesprächsmonologen zu konfrontieren. Bitte behalten Sie eines immer im Hinterkopf: Je mehr Sie in einen inspirierenden Dialog mit Ihrem Interessenten kommen, desto größer die Wahrscheinlichkeit, dass Sie auch menschlich zueinander finden und auf dieser Basis ein gutes Geschäft miteinander aufbauen.

Beispiel einer Unterhaltung

💬*Mensch, mein Job geht mir ganz schön auf die Nerven!*

💬*Oh, da habe ich etwas für dich! Ich arbeite jetzt nebenberuflich mit XY zusammen und baue mir da eine zweite Existenz auf. Das wäre doch auch etwas für dich!*

🗨*Ach nein, lass gut sein, ich glaube, das ist nur eine Phase, das wird schon wieder!*

🗨*Ja, aber …!*

ⓘ Merke:

Menschen wollen keine schnellen Lösungen, in diesem Beispiel waren Sie zu schnell zu nah dran. Sie haben eine Problemlösung angeboten, obwohl noch kein Bedarf da war. Sie haben zwar gedacht, Ihr Gesprächspartner braucht Hilfe, allerdings war er sich seiner Probleme selbst noch gar nicht so bewusst.

Deshalb wirkt Ihre sofortige Lösungsofferte eher bedrohlich, als dass sie als hilfreich angesehen wird.

Im Prinzip müssen Sie sich nur eines merken: **Sie dürfen sich nicht gleich auf Ihre Beute stürzen, sobald sie strauchelt.**

Ich hatte einmal einen äußerst erfolgreichen Kollegen im Vertrieb, der sagte Folgendes zu mir: „Ehe ich jemandem eine geschäftliche Offerte mache, muss er durch das ‚Tal der Tränen' gegangen sein. Dorthin bringe ich ihn, indem ich eine Schwachstelle in seinem jetzigen Leben finde (die hat übrigens jeder) und mich in dieses Thema weiter hineinfrage. Wenn ich Details weiß und wenn das ‚Leiden' groß genug ist, dann bringe ich meinen Gesprächspartner durch eine weitere Frage so weit, dass er für mein Angebot offen ist."

ⓘ Optimierte Gesprächsführung:

💬 *Mensch, mein Job geht mir ganz schön auf die Nerven!*

💬 *Oh, das hört sich ja gar nicht gut an! Erzähl mal, wo drückt der Schuh?*

💬 *Ach, wir haben schon wieder Kurzarbeit, und wenn Arbeit da ist, dann geht alles drunter und drüber.*

💬 *Das ist natürlich eine blöde Situation! Wieso habt ihr Kurzarbeit?*

💬 *Mittlerweile gehen viele Aufträge an die ausländische Konkurrenz, die Billiglohnländer machen die ganzen Preise kaputt.*

💬 *Ach du Schreck, das hört man jetzt immer öfter mit den Niedriglohnländern. Da hängen ja echt viele Existenzen dran an diesem Thema. Wie geht das in Zukunft weiter in eurer Firma?*

💬 *Keine Ahnung, man kann nur hoffen, dass es wieder besser wird!*

💬 *Sag mal, hast du schon darüber nachgedacht, wie es im schlimmsten Falle weitergeht? Hast du dir über Alternativen zum jetzigen Job Gedanken gemacht?*

💬 *Da mag ich gar nicht daran denken, ich weiß es nicht! Wieso fragst du?*

💬 *Na ja, ich zum Beispiel arbeite jetzt nebenberuflich mit XY zusammen und baue mir da eine zweite Existenz auf. Hast du schon einmal über so etwas nachgedacht?*

💬 *Wie meinst du das genau? Was machst du da?*

Der Grundgedanke bei dieser Variante der Gesprächsführung ist, dass man durch intelligentes Nachfragen noch mehr Infos zur aktuellen Problematik des Gesprächspartners bekommt. Dies läuft ähnlich ab wie bei der Gesprächsführung eines Psychologen, der durch ständiges Nachfragen die Ursachen eines bestimmten Problems ergründen möchte, weil er nicht die Symptome einer Erkrankung therapieren will, sondern möglichst den „Kern allen Übels".

Der Gesprächspartner konkretisiert die Dinge, die ihn bewegen, durch seine Antworten und macht sich dadurch selbst die Thematik noch bewusster. Er unternimmt also quasi einen Ausflug in das „Tal der Tränen" und nur dadurch, dass er *selbst* darüber redet, bekommt das Problem für ihn einen wesentlich größeren Stellenwert. Es bereitet ihm „Schmerzen", weil ihm die Tragweite seiner Situation noch mehr bewusst wird. Durch das Reden über das Problem werden die Informationen ins Bewusstsein transportiert.

Wohlgemerkt, der Gesprächspartner redet selbst über seine Probleme, weil Sie ihn durch Ihre Fragen auffordern, über seine Situation zu berichten. Das ist wesentlich edler, als wenn Sie ihm seine angeblichen Probleme erklären.

Wenn Sie jetzt noch das Feeling dafür entwickeln, durch mehrmaliges Nachfragen „in die Tiefe" des Problems zu gehen, dann kann Ihr Gesprächspartner unter Umständen sogar den „Schmerz" der Situation spüren. Erst wenn das „Leiden" groß genug ist, das heißt, wenn Ihr Gesprächspartner selbst erklärt hat, dass ein Bedarf an Veränderung da ist, dann sollten Sie Ihre Ideen oder Ihr Angebot platzieren.

Wohlgemerkt, auch hier ist es edler, den Gesprächspartner mit einer gekonnten Frage („Hast du schon einmal über so etwas nachgedacht?") dazu zu bringen, eine neue Sichtweise oder eine andere Perspektive einzunehmen und bei Ihnen nachzufragen („Wie meinst du das?", „Was machst du da?"), als zu sagen: „Mensch, das ist super für dich in deiner Situation, da musst du unbedingt mitmachen!"

ⓘ Beispiel

An dieser Stelle noch einmal ein Beispiel nebst Analyse der unterschiedlichen Gesprächsführungen:

Schlechte Gesprächsführung:

💬*Mensch, mein Chef macht mich krank! An sich habe ich so einen tollen Job, aber dieser Typ macht mir das Leben zur Hölle. Ich weiß nicht, was ich noch machen soll!*

ⓘ Analyse: Er jammert!

💬*Warum lässt du dir das gefallen? So ein toller Mensch wie du gehört eh nicht in so einen*

Laden. Ich hätte da eine super Idee für dich, wie du in Zukunft dein eigener Chef sein kannst! Ich arbeite schon seit einiger Zeit selbstbestimmt von zu Hause aus. Das wäre auch für dich super!

ⓘ Analyse: Sie überfallen ihn mit Ihrem Angebot! Sie „drücken ihm auf", dass es etwas für ihn wäre!

💬*Ach nein, lass mal! Ich brauche die Sicherheit, das ist nichts für mich!*

ⓘ Analyse: Er fühlt sich überrumpelt, wählt den Weg des geringsten Widersandes und lehnt ab!

💬*Ja, aber! Denk doch nach ...!*

ⓘ Analyse: Sie versuchen mit der „Ja, aber"-Argumentaion „das Kind wieder aus dem Brunnen zu ziehen"!

Fazit: Verbockte Kiste!

Optimierte Gesprächsführung

💬*Mensch, mein Chef macht mich krank! An sich habe ich so einen tollen Job, aber dieser Typ macht mir das Leben zur Hölle. Ich weiß nicht, was ich noch machen soll!*

ⓘ Analyse: Er jammert!

💬*Ach ja, die lieben Chefs! Die machen einem manchmal ganz schön zu schaffen! Was ist das für ein Kerl?*

ⓘ Analyse: Sie gehen ein wenig in der Unterhaltung mit und bitten durch Nachfragen die Situation zu konkretisieren!

💬*Oh ja, das mit den Chefs kann ich nur bestätigen. Der Kerl ist ein echter Tyrann. Ich träume schon nachts von ihm!*

ⓘ Analyse: Er berichtet Details von seinem Chef, er schildert Auswirkungen. Er macht sich selbst das Problem ein wenig bewusster! (Er betritt das „Tal der Tränen".)

💬*Oh mein Gott! Erzähl mal, warum ist der so schlimm?*

ⓘ Analyse: Sie interessieren sich für Details und fordern ihn auf, noch mehr zu erzählen!

🗨️*Der ist so furchtbar! Weißt du, er ist ein totaler Kontrollfreak und macht immer unheimlichen Druck! Ich habe mich sogar schon einmal krank-gemeldet, weil ich das nicht mehr gepackt habe. Und du darfst mir glauben, es gibt noch andere in der Firma, denen es genauso geht!*

ⓘ Analyse: Er schildert konkrete Details! Das Bewusstsein für die aktuell sehr unbefriedigende Situation wird stärker! (Er ist mittendrin im „Tal der Tränen".)

🗨️*Sag mal, wenn das so weitergeht. Das ist doch auch kein Arbeiten, oder?*

ⓘ Analyse: Sie geben Anstoß zum Nachdenken bezüglich der zukünftigen Situation!

🗨️*Wem sagst du das! Was soll man machen …?*

ⓘ Analyse: Die Situation scheint ausweglos. (Er hat „Schmerzen".)

🗨️*Stell dir vor, du wärst dein eigener Chef und könntest in Zukunft ohne Druck und Kontrolle dein Ding machen …? Schon einmal über so eine Variante nachgedacht?*

ⓘ Analyse: Sie regen seine Fantasie an! Sie fragen ihn, ob er schon einmal über eine bessere Variante nachgedacht hat.

💬 *Das hört sich zu schön an, um wahr zu sein! Wie meinst du das genau?*

ⓘ Analyse: Er ist interessiert, kann es aber noch nicht richtig glauben! Er bittet um Konkretisierung.

💬 *Na ja, ich bin schon seit einiger Zeit mein eigener Chef, zwar noch im Nebenberuf, aber immerhin.*

ⓘ Analyse: Sie bringen Ihre Pitch! Maßgeschneidert auf seine Bedürfnislage!

💬 *Was machst du da genau? Wie soll das funktionieren? Eigener Chef im Nebenberuf?*

ⓘ Analyse: Er bittet Sie um konkrete Infos und fragt interessiert nach!

Fazit: Sie sind in einem inspirierenden Dialog und haben nun die Chance, Ihr Business zu präsentieren!

Auch wenn es nicht immer leicht ist, die richtigen Fragen zur richtigen Zeit zu platzieren, so werden Sie doch nach einiger Zeit und nach etwas Übung feststellen, dass Ihre persönlichen Gespräche eine andere Qualität bekommen und Sie viel mehr Menschen mit Ihren Informationen erreichen werden als vorher. Das Ganze wird Ihnen gelingen, weil Sie nun wissen, welche Infos für welchen Menschen gut sind.

Warum?
Sie haben es durch eine gute Fragetechnik herausgefunden!

Kontaktstark grüßt Sie Ihr REKRU-Tier
Tobias Schlosser

P. S.: Zugegeben, auch die Strategie, allen Leuten die gleiche Geschichte zu erzählen, funktioniert, allerdings müssen Sie sich von vornherein darauf einstellen, eine wesentlich größere Menge an Menschen bewegen zu müssen als bei der „individuellen" und „maßgeschneiderten" Vorgehensweise!

Mehr Erfolg mit den Tools aus unserer Trickkiste!

In der Reihe **REKRU-TIER MLM Trickkiste** außerdem erschienen:

Band 1: Berater kommen lassen – Die Kunst, Menschen antanzen zu lassen. ISBN 978-3-941412-23-1

Band 2: Guter Bulle, böser Bulle – Die Magie der zwei gegensätzlichen Emotionen. ISBN 978-3-941412-26-2

Band 3: Lass dich ansprechen! – Spielend leicht Kontakte gewinnen mit T-Shirt-Werbung. ISBN 978-3-941412-31-6

Band 4: Tiefenduplikation – So machen Sie Ihren Partnern richtig Feuer unter dem Hintern. ISBN 978-3-941412-32-3

Band 6: Repräsentieren hilft beim Rekrutieren – Wie Sie durch ein perfektes Image Ihre Erfolgschancen dramatisch verbessern! ISBN 978-3-941412-38-5

Band 7: Rekrutierungsparadies Messe – Wie Sie rausholen, was rauszuholen geht! ISBN 978-3-941412-39-2

Direktkontakt-Profis aus Leidenschaft ...

Direktkontakt ist eigentlich die natürlichste Art der Kontaktaufnahme von Mensch zu Mensch. Doch warum fällt uns dieser Weg heutzutage so schwer, warum schaffen es nur so wenige, ein großes Network-Marketing aufzubauen?

REKRU-TIER beschäftigt sich seit vielen Jahren mit den Themen **Direktkontakt, Fremdkontakt und Direct Recruiting,** insbesondere **für MLM und Strukturvertriebe.** Ihr Wissen aus über 80 000 Direktkontakten geben die Trainer Rainer Freiherr von Massenbach und Tobias Schlosser in **Workshops, Schulungen / Seminaren** und in ihren **Büchern** weiter.

Die **REKRU-TIER-Methode** begeistert und erweist sich immer wieder als ein unschlagbares Erfolgskonzept.

... unterstützen Sie beim Aufbau Ihres Kontaktnetzwerks

„Sie treffen mit Ihren Buch- und Seminarinhalten den berühmten ‚Nagel auf den Kopf‘."

„Ich bin nun seit 30 Jahren aktiv im Vertrieb, Marketing und im Sales-Management vieler internationaler Großkonzerne und habe schon viele Seminare erlebt. Was aber Sie geliefert haben, hat in puncto Praxisbezug, Authentizität und Realität meine Erwartungen bei Weitem übertroffen."

„Man hat Ihnen in jeder Sekunde Ihr Engagement und Ihren Spaß angemerkt, was den Tag noch lebhafter und interessanter machte."

„Ein klasse Seminar. So viele tolle Beispiele und ‚gelebte‘ Erfahrungen."

„Was ihr beide da auf die Füße gestellt habt, ist der beste Beweis dafür, dass es nix Größeres gibt als eine Idee, deren Zeit gekommen ist."

(Kundenstimmen zu **REKRU-TIER)**

Informieren Sie sich noch heute unter

WWW.REKRUTIER.DE

Networker ohne Vertriebspartner?

Das A und O für jeden erfolgreichen Networker ist es, ein großes Team aufzubauen. In der Praxis oft gar keine so einfache Aufgabe: Wie und wo finde ich die richtigen Leute?

REKRU-TIER hat die besten Ideen dazu für Sie gesammelt und niedergeschrieben.

Sie erhalten komplett kostenlos alle drei Tage per E-Mail einen Tipp, wo / wie und in welcher Situation Sie an neue Geschäftspartner kommen.

Garantiert ist für jeden Networkertyp der ideale Ansatz dabei! Sie brauchen die Ideen nur noch umzusetzen …

Mit uns und unseren Gratistipps kein Thema!

99 TIPPS

WIE SIE AN NEUE GESCHÄFTSPARTNER FÜR IHR MLM KOMMEN

Melden Sie sich an unter
WWW.99SPONSORTIPPS.DE

Bibliografische Information der Deutschen Nationalbibliothek:
Die Deutsche Nationalbibliothek verzeichnet diese Publikation
in der Deutschen Nationalbibliografie; detaillierte bibliografische Daten sind im Internet abrufbar über
http://dnb.d-nb.de

ISBN 978-3-941412-33-0

Impressum:

Verlag:
REKRU-TIER GmbH, München
www.rekrutier.de

Autor: Tobias Schlosser
Covergestaltung: REKRU-TIER GmbH, München
Lektorat: Ute König, Kitzingen, und Bernhard Edlmann,
Raubling
Innenlayout und Satz: Bernhard Edlmann Verlagsdienst-
leistungen, Raubling

2. Auflage